大家小小书

篆刻　程方平

新编历史小丛书·人物

徐霞客

侯仁之 著

北京出版集团
文津出版社
贵州出版集团
贵州人民出版社

纪念徐霞客

唐晓峰

徐弘祖（1587—1641），字振之，号霞客（世人多称其号），汉族，明朝南直隶江阴（今江苏省江阴市）人。1641年的春天，徐霞客在江阴家里逝世。大约280年后，作为文化偶像，徐霞客被人们树立起来，成为一种精神品质和知识水准的代表，被尊敬、讨论，至今不绝。

徐霞客旅行探索大地山川30余年，并撰有《徐霞客游记》（原文多散失，今存60万字。以下简称《游记》）。清人钱谦益（牧斋）说，徐霞客乃“千古奇人”，《游记》乃“千古奇书”。现代评论家说，徐霞客开辟了中国古代地理学中系统观察自然、描述自然的新方向，《游记》一书则是记载地貌、地质的古代地理名著，同时也是记录风景资源的重要文献，且文辞优美，堪称文学佳作。近年来，人称徐霞客为“游圣”，许多发烧“驴友”以霞客为楷模，访幽探胜，踏遍祖国大好河山。

山水奇志

徐霞客的山水之志来源于父亲的榜样，游记书籍的熏陶，母亲的支持。

大概因为读书有偏好，霞客十来岁童子试不成，索性改志投奔山水之间。到此时，霞客的所为并不新鲜，古代这样的人很多，但他从此以后矢志不渝，纯粹一生，别无他顾，这就难得了。

从二十来岁（1607）开始，直到去世那年（1641），霞客“携一襆被”，几乎年年出门，旅行探索了30多年。他到过现在的江苏、山东、河北、山西、陕西、河南、浙江、安徽、江西、福建、广东、湖北、湖南、广西、贵州、云南等地。也可能到过四川。据统计，徐霞客共考察记录了地貌类型61种、水体类型24种、动植物170多种、名山1259座、岩洞溶洞540多个。“一切水陆中可惊可讶者，先生以身历之，后人以心会之。”

霞客之游，颇具挑战精神，人越说不能去的地方，霞客越是要去，从而揭示了许多“千百年莫之一睹”的地区的面貌。因有强烈精神鼓舞，霞客从不惧怕身体之苦、景地之险，既然到了野外，索性放开身段，“猿挂蛇行”，攀缘，匍匐。例如：在真仙岩后暗洞，大蛇横卧不见首尾，一般人看到，腿早已软了，但霞客若无其事，抬腿迈过大蛇，深入洞中。在天台山，“余赤足跳草莽中，揉木缘崖”。又一处，“石壁直竖涧底，涧深流驶，旁无余地。壁上凿孔以行，孔中仅容半趾脚，逼身而过，神魄为动”。霞客在日记中记下自己的险状，一是经验难忘，另外也有要表达风光在险的意思。险，是一种证据。

《四库全书总目提要》（以下简称《四库提要》）称霞客“既锐于搜寻，尤工于摹写”，霞客每日攀缘匍匐，十分辛苦，但夜间还要挑灯，写上日记千言。霞客撰写日记，自然有日后传布其见闻感受的愿望，但更多更直接的原因应该是：记录是一种重复体验，是消化，是进一步的旅行享受。霞客在世时，并没有怎么张罗出版日记的事。

接二连三的山川疑问，无止境的探索欲望，是霞客旅行持久不倦的实质性原因，“百蛮荒徼之区，皆往返再四”。山河地貌的分合原委，是霞客脑中持续追问的问题，对他来说，猎奇不是目的，将奇转化为不奇，即完成解释与理解，才是探索的目标。

明末清初，霞客及《游记》已经获得称道，但多在奇人、奇文方面。有些人虽然夸赞他的穷尽天涯的精神，但脱不出古代的寰宇观和神秘主义的价值观。

清代学者注重《游记》版本整理，用力于日记的搜集、厘定，功绩在奠定了版本的框架。但对于霞客的研究，并不深入。不过清初的潘耒（次耕）还是点到了霞客的几处关键："霞客之游，在中州者，无大过人；其奇绝者：闽粤楚蜀滇黔，百蛮荒徼之区，皆往返再四。……先审视山脉如何去来，水脉如何分合，既得大势后，一丘一壑，支搜节讨。……故吾于霞客之游，不服其闳远，而服其精详；于霞客之书，不多其博辨，而多其真实。”潘耒的这篇文字，本没有附在《游记》前后，而是单独收在《遂初堂集》中。丁文江最初整理《游记》时，不知有此文，是梁启超发现此文，介绍给丁。《四库提要》的“以耳目所亲，见闻较确”“此书于山川脉络，剖析详明”，类似潘耒的看法。

清朝后期，对于霞客的关注议论不多，霞客的文章、知识被束之高阁。

对徐霞客的再发现

在与张骞、玄奘、耶律楚材做比较时，丁文江说：“这三个人不是恭维皇帝，就是恭维佛爷，霞客是纯粹地为知识。”

至20世纪20年代，人们终于对徐霞客进行了再发现。所谓对徐霞客的再发现，是指对于他事业价值的再评价。首先对徐霞客的事业进行再评价的是20世纪初中国“最科学的人”丁文江。

丁文江16岁即赴日学习，后辗转欧洲，所学主要为地质学、动物学、地理学。他回国后对于中国地质学的贡献极大。丁文江自己说：“余十六出国，二十六始归，凡十年未曾读国书，初不知有徐霞客其人。辛亥自欧归，由越南入滇，将由滇入黔。叶浩吾前辈告之曰：‘君习地学，且好游，宜读《徐霞客游记》。’”1911年丁文江在上海购得铅字本《游记》，“但未尝一读全书”。

1914年，丁文江又入云南考察。“独行滇东滇北二百余日，倦甚则取《游记》读之，并证以所见闻。始惊叹先生精力之富、观察之精、记载之详且实。”徐霞客的准确记录，对于丁的考察帮助甚大，丁始为《游记》所打动。丁文江与霞客的神交地点在云南。丁文江曾多次自称是“中国唯一的‘西南通’”。丁文江是在考察实践中才发现了《游记》的价值，这恰恰说明了《游记》的属性。

在考察实践中，丁文江发现了霞客的非凡之处。从此，投入时间精力，整理、研究、宣传霞客精神与成就。丁不满足于前人“奇人”“奇书”的简单评价，他说：“钱牧斋说：‘徐霞客千古奇人，《游记》乃千古奇书。’似乎他真是徐霞客的知己，然而看他所作的徐霞客传，连霞客游历的程途都没有弄明白，其可谓怪事！后来的人随声附和，异口同声地说‘奇人’‘奇书’，但是他们不是赞赏他的文章，就是惊叹他的脚力，除去了潘次耕以外，没有一个人是真能知徐霞客的。因为文章是霞客的余事，脚力是旅行的常能，霞客的真精神都不在此。”丁在所编《徐霞客先生年谱》（以下简称《年谱》）中阐明了霞客的“真精神”：“然则先生之游，非徒游也，欲穷江河之渊源，山脉之经络也。”丁文江还总结出霞客的多项重要地理发现。

丁文江宣传徐霞客也有为中国人争气的心理。他在为《地质汇报》写的序中，引出德国人李希霍芬（1833—1905）的话："中国读书人专好安坐室内，不肯劳动身体，所以他种科学也许能在中国发展，但要中国人自做地质调查，则希望甚少。"丁在《年谱》中辩道：霞客"此种 '求知'之精神，乃近百年来欧美人之特色，而不谓先生已得之于二百八十年前"！如地学家叶良辅所言："丁先生的推崇霞客，还有别的用意，他一面是为外国人常说中国学者不能吃苦，要借他一雪此言，一面要借一个好模范来勉励一般青年去做艰难的工作。"

丁文江对霞客的赞扬，不仅是学

术研究，更有发自内心的冲动，有现实价值的激励，有实践热情的鼓舞。黄汲清曾将丁比作“20世纪的徐霞客”，又说丁的成就远远超过徐霞客。为取得第一手材料，丁文江力主“登山必到峰顶，移动必须步行”“近路不走走远路，平路不走走山路”的野外考察精神，并身体力行。

丁文江对徐霞客的“发现”，主要是在国内地学界引起了极大共鸣，由此，开始了对于徐霞客的现代阐释。

现代语境下的徐霞客

“在今天，徐学的内容已经远远超出了地理科学的范畴，而应更多地注重徐霞客的高尚人格和治学精神。”①

评价古人，不可避免地会从当代价值观出发。丁文江是这样，后面的学者“与时俱进”，对于徐霞客的评价研究，也因现代社会意识形态背景的演替，每出新局面，“徐霞客”的内涵越来越丰富。

1.伟大的地理学家

首先在丁文江的带动下，一批顶尖地理学家，包括竺可桢、张其昀、翁文灏、任美锷、侯仁之、陈述彭等，在倡导科学考察的背景下，从现代地理学的价值标准出发，高度评价了徐霞客在地理学上的前瞻性。1941年，在贵州遵义，浙江大学史地系举办纪念徐霞客（逝世）三百周年大会，撰写纪念文章的有竺可桢、张其昀、任美锷、黄秉为、谭其骧、万斯年等，后由张其昀辑成《地理学家徐霞客》（商务印书馆1948年出版）。此书曾引起李约瑟的注意，或受其影响，李约瑟后来讲了这样的话："他（霞客）的游记读来并不像是17世纪的学者所写的东西，倒像是一位20世纪的野外勘测家所写的考察记录。"

新中国成立后，侯仁之先生对于徐霞客的研究评价最有影响，他对于霞客的地学价值的阐述获得公认："这部游记和一般所谓游记确乎不同。它反映了作者在系统地观察和描述自然地理诸现象时所表现的超越前人的一种新倾向，特别是他对于西南广大地区内喀斯特地貌的考察，说明了他不但是在忠实地描述自然，而且已经在步步走向规律性的探讨。”②因侯仁之先生重视《游记》的地貌学价值，所以在主编《中国古代地理名著选读》时，特请地貌学大家任美锷作《徐霞客游记》的导读。

任美锷着重介绍了徐霞客考察西南地区石灰岩地貌的意义。“我国西南诸省，石灰岩分布面积很广，是世界最大的石灰岩地貌区域之一。霞客在湖南、广西、贵州和云南做了详细的游历，因此，对西南石灰岩地貌的分布、各地区间石灰岩地貌的差异、各种石灰岩地貌的类型和其成因都有详细的科学的记载，这无疑是世界上有关石灰岩地貌的最古的文献。”③

褚绍唐综合各家，对霞客地理学成就曾有概括：在地理科学上，徐霞客试图摆脱旧地理志的框架，开拓探寻自然界规律的新方向、新途径。他描述了各种岩溶地貌的形态，厘定各种地貌名称，提出钟乳石、石潭、落水洞及天生桥的成因。他还通过地区比较，指出广西、贵州和云南三地的不同地貌特征。他对河流的侵蚀作用、滇西的火山和地热现象、气候和植物的关系都有精辟见解。他确定金沙江是长江的上源，纠正了墨守《禹贡》的旧观点。他考察了南北盘江、怒江、澜沧江和长江的源流，探寻雁荡山的雁湖所在，纠正了旧志书中的错误。④

在现代地理学家的笔下，徐霞客

的成就被用现代地理术语重新阐释，例如：“他对岩洞和钟乳石的成因都有独到的见解，曾经指出某些岩洞是由于流水机械侵蚀造成的，钟乳石则由于从石灰岩中滴下来的水蒸发后，碳酸钙凝聚而成。”[5]这是认识理解的需要。不过，在阅读这些以现代词汇阐释的时候，仍不能忘记古今地理学的本质差异。侯仁之先生在赞扬徐霞客的同时，也提醒人们：“只是由于他所处的时代以及相关科学（如地质学、水文学、气候学等）的发展水平的限制，还不能够充分理解各种现象并做出更系统、更科学的理论总结。”在积极评价霞客时，侯先生的表述分寸是“他（霞客）已经在沿着这个方向前进了”[6]。

霞客之学，达到了经验认知的最高峰。他实现了对现象层面的系统观察，并上升到问题层面，具备了比较丰富的问题意识。但是，由于时代的限定，他缺乏回答问题的更高的知识能力。西方现代地理学的开创者洪堡、李特尔，具有霞客不可能获得的学术资源条件（现代生物学、气象学、地质学），并有霞客未曾采用的工作方式（对野外资料做数十年室内研究）。徐霞客毕竟是古代地理学家，而不是现代地理学家。一个探索者，只要具有现实主义精神，就会接近科学，但现实主义精神不直接等于科学。

2.徐学的诞生

20世纪80年代初，陈桥驿先生首

先提出“徐学”概念，得到徐霞客研究者们的响应。1999年江苏教育出版社出版了《徐学概论——徐霞客及其〈游记〉研究》一书。徐学的提出，令徐霞客研究跃身为一种经典性学术（类似于“红学”“郦学”），使研究对象从霞客本人与《游记》本身向所有相关联的问题拓展，徐霞客的社会环境、人生交往，《游记》一书中记述过的所有事物，均成为徐学研究的内容。20世纪90年代的社会繁荣气氛为徐学研究注入了新的能量，加入研究的学科有旅游学、历史学、社会学、文学、文化学、美学、宗教学、民俗学、民族学、谱牒学、版本学、方志学、地理学、地貌学、岩溶学、气象学、动植物学等。应该说，徐霞客研究至此达到了高峰。

任美锷讲：“过去，我曾经说过：‘《徐霞客游记》的最大价值，是在于他对地学的贡献。’现在看来，这一评价是很不够的。在今天，徐学的内容已经远远超出了地理科学的范畴，而应更多地注重徐霞客的高尚人格和治学精神。”⑦

褚绍唐说：“除了在地理学上的成就之外，《游记》中还有关于社会动态、史迹考证、文物古迹、民情风俗以及宗教、民族等方面的记述，这对研究明末时期社会状况及历史事实等都是很宝贵的资料。”⑧

在徐学研究范畴中，对于明末知识分子特征的研究，突破了霞客为“孤独”行者的概念。周振鹤指出，明末士大夫阶层中的一些人，从空谈性理转入经世务实，崇尚实学的思潮逐渐形成，许多知识分子主张“不必矫情，不必逆性，不必昧心，不必抑志”，而摆脱传统意识形态羁绊，以现实主义精神走入地理世界。实际上，明末存在一个具有共同特征的旅行家群体，霞客乃是其中的佼佼者。

徐学概念的建立与徐学研究的迅速进展无疑是一件可喜的事情。不过，也应当注意，关于徐霞客的研究，不能因为问题范围的大幅拓展而模糊它的核心价值。有些题目在徐学中不一定具有足够的学术含量（例如徐霞客关于城市的考察）。徐学是现代概念，在整个徐学中，徐霞客个人只是一个局部，不必件件事情都要直接落实在徐霞客头上（例如直接用《游记》考察明末经济大局）。

3.“游圣”

20世纪80年代以来我国旅游业开始发展，进入21世纪，在经济飞速发展和大众生活水平迅速提高的背景下，旅游业成为重要的经济产业，许多文化活动都开始向旅游业靠拢，与旅游业挂钩。在这个背景下，“徐霞客旅游方式”被提了出来。

徐霞客旅游学价值成为徐学研究的新重点，诸如徐霞客旅行的目的，旅行的分期、方式、历程及旅游资源的开发等。有评论者说：关于徐霞客的新的旅游研究，“突破了过去仅以徐霞客对地质地貌、江河源流、山脉走势等属地理学范围考察为研究对象的旧框子，丰富和拓宽了徐学研究领域”。⑨于是，徐霞客又多了一个新头衔“游圣”。

“游圣”一衔，极大地凸显了霞客的探险旅行价值，而旅行家比“地理学家”更具有大众性，更具有大众模仿意义。的确，自霞客被宣传之后，每有长途跋涉，人们便联想到徐霞客。20世纪30年代西南联大师生曾组织“湘黔滇旅行团”，长途跋涉3500里，他们的精神使人联想到徐霞客。参加过旅行团的任继愈回忆：“出发前，有人带上《徐霞客游记》，沿途与当年徐霞客游记对照。”刘兆吉说：“我们徒步荒远的精神，颇能与明代的徐霞客媲美。”[10]现在，评选“十大徐霞客人物”的活动已经在社会上展开，这是霞客精神走向大众的又一个重要标志。

不可避免地，“游圣”形象与科学考察先驱的形象有所不同，它多少模糊了霞客的科学性、学术先进性、广泛的社会关联性。因此，陈桥驿先生提醒徐学的研究者：徐学研究不能捆绑在旅游业上。[11]徐学研究可以促进旅游业的发展，但徐学不仅仅是谈旅游。在这个问题上，可以看到学界与大众对徐霞客价值的不同选择。

探索旅行、地理考察是霞客的相互联系的两个高度，在整体评价中，不能偏废。旅行家不直接等于地理学家，在旅行探索的基础上，对大地进行系统考察，建立问题意识并寻求解释，才算上升到了地理学家的层面。霞客是两全人物。

4.高尚人格

任何正面人物楷模，其高尚的道德是必不可少的。坏人干不出好事，这是中国识人、论人的传统。道德结论是升华，是继承性的生命力之所在。早在丁文江的时候，就热情地赞扬了霞客的勇气和献身精神："乃求知之念专，则盗贼不足畏，蛮夷不能阻，政乱不能动；独往孤行，死而后已。"

对于"青年之士"，霞客是励志楷模。丁文江在20世纪20年代说："今天下之乱，不及明季，学术之衰，乃复过之。而青年之士，不知自奋，徒籍口世乱，甘自暴弃；观先生之风，其亦可以自愧也乎！”

在日后对霞客的品评中，人们在道德这条线上不断延伸，也有“与时俱进”的味道。在高倡爱国主义精神的时期，人们将霞客所热爱、所歌颂的山川进一步明确定性为“祖国山川”，又鉴于明末的乱局，遂将旅行与爱国主义联系起来，称《游记》抒发了爱国激情，霞客具有“炽烈的爱国主义感情”。在众多关于霞客的文章中，可以看到越来越多的道德品质名称：尊孝道、尊师友、爱祖国、爱人民、反对分裂维护祖国统一、民族团结等。不难看出，这里有些帽子是过大了。这种情况，在赞美人物的活动中，常见，不须多说。需要冷静的是，要防止出现一个“高大全”的徐霞客，还有，是我们在学习霞客，而不是让霞客学习我们。

徐霞客在今日已经不是一个具体的人，而是一个逐渐概念化的人，一个被不断发扬光大的历史文化楷模。在纪念霞客逝世370年的时候，我们不妨重读《游记》，再一次表示对这位古代探险旅行家、地理学家的敬意，同时，也体会一下原汁原味的霞客精神。

注释：

①朱钧侃，潘凤英，顾永芝著：《徐霞客评传》，南京大学出版社，2006，第145页。

②侯仁之主编：《中国古代地理

名著选读》序言，科学出版社，1959，第2页。

③侯仁之主编：《中国古代地理名著选读》，科学出版社，1959，第124页。

④褚绍唐：《徐学研究要有开拓创新精神》，载《徐霞客研究》第6辑，学苑出版社，2000，第24页。

⑤《中国古代地理名著选读》，学苑出版社，2005，第125页。

⑥侯仁之：《徐霞客——石灰岩地貌考察的先驱》，载《徐霞客研究》第1辑，学苑出版社，1997，第8页。

⑦任美锷：《徐学的兴起是顺应中国文化发展趋势的必然结果——〈徐学概论〉序一》，载《徐霞客研究》第

6辑，学苑出版社，2000，第22页。

⑧《徐学研究要有开拓创新精神》，载《徐霞客研究》第6辑，学苑出版社，2000，第26页。

⑨张度：《〈徐霞客与山水文化〉——一部颇具特色的徐学新著》，载《徐霞客研究》第1辑，学苑出版社，1997，第142页。

⑩唐绍明：《徐霞客精神的一曲凯歌——西南联大湘黔滇旅行团浅析以纪念徐霞客逝世360周年》，载《徐霞客研究》第8辑，学苑出版社，2001。

⑪《关于“不能把徐学捆绑在旅游业上”的通信》，载《徐霞客研究》第15辑，学苑出版社，2007。

目　录

一、徐霞客在我国科学史上的杰出贡献

徐霞客（1587—1641）的名字，对许多读者来说并不生疏，但是真正了解他在科学史上的贡献的，恐怕还不很多。

一般都知道，徐霞客是一个很喜欢旅行的人，而且写过一部游记，就叫作《徐霞客游记》。这部游记写得很好，摹景抒情都有独到的地方，极为后人所赞赏，甚而称之为“奇人奇书”。

称他为“奇人”，因为他半生都在旅途中度过，而且他的旅行并不是和一般旅行的人那样，只是为了游山玩水；称他的书为“奇书”，因为书中所描写的，也不同于一般人描写山川景物的游记文章。但是，今天看来，徐霞客真正杰出的地方，既不在于他的游踪，也不在于他的文字，而在于他在我国地理学发展史上所做出来的超越前人的贡献。至于他所开始的有关石灰岩地貌的考察研究，在全世界来说，也是一种首创性的工作。他生当明朝末叶，在明朝灭亡的前三年逝世，距今已经330多年。这也就是说远在300多年以前，他就开始了对我国西南广大地区石灰岩地貌的考察，这比起欧洲人最初所做同一性质的广泛调查，还早了一个多世纪。石灰岩地貌已成为现代地貌学研究中很重要的一个方面，与社会主义建设事业有很大关系。这种石灰岩地貌的特征之一，就是有许多天然溶蚀洞穴的发育，像桂林有名的七星岩，就是一个好例。现在石灰岩地区溶洞的研究，也已逐渐形成一个专门学科，就叫作“岩洞学”。《徐霞客游记》现存的大部分，实在就是关于这一广大地区石灰岩地貌的考察记录。现在我们可以肯定地说：《徐霞客游记》不但是在中国，而且也是在世界上最早的和最忠实最详细的关于石灰岩地貌的文献。

这就是徐霞客最“奇”之处，也就是《徐霞客游记》最值得重视的科学价值。

正是因为这个原因，应该把徐霞客看作是中国历史上伟大的地理学家之一；同时，在世界科学史上，他也占有重要地位。

徐霞客能够做出这样的贡献，并不是偶然的。在这里应该首先认识到科学的发展和生产的关系。任何一种科学的发展，从它开始的时候起，都是由社会的生产情况决定的。现在世界上的科学比古代要发达得多，这也是因为现代的社会生产比古代大大发展了的缘故。也就是说，没有生产的发展，也就不会有科学的发展。但是，这样说并不是否定科学家个人的贡献，伟大的科学家们，所以能够做出一些伟大的发明和创造，正是因为社会生产的发展已经直接或间接提出了这方面的要求的缘故。例如近代自然科学在封建社会的生产水平上是不可能发展起来的，因此在封建社会时期也就不可能出现像在资本主义社会所出现的那样的一些科学家。徐霞客生当明朝末叶，那时候我国的封建社会已经到了后期，社会生产力有了相当高的发展。当时由于社会生产的发展，中国知识界也更加注意到自然科学与技术研究的重要，有些人再不像过去一些读书人那样，专门去谈论不切实际、不着边际的空道理，而把注意力转向了自然的探索以及生产技术的总结和传布。例如李时珍（1518—1593）所著《本草纲目》，虽然所记都是与药物有关的，但已包括了动物、植物和矿物种类达1800多种，很多都是经过他在野外亲自搜集和鉴定过的，其中特别是对植物分类，应该说已经有了基础。又如宋应星（生卒年无考，大约卒于清初顺治、康熙年间）所著《天工开物》，则总结了有关农业耕种、器物制造、冶金机械、朱墨珠玉等方面的生产技术，并且绘图说明，切实有用。在此以前的所谓“文人”，对这些极有价值的工作，是看不上眼的，也是他们所做不到的。至于在地理学范围内，最直接最显明地反映了这一时代精神从而冲破了旧传统的桎梏、向着探索大自然的新方向阔步前进的，就是徐霞客。

二、徐霞客和《徐霞客游记》

徐霞客名弘祖，江苏江阴人，家住南旸岐。他祖上是个大地主，他的先人也曾有中科举做大官的人，是封建社会里所谓“世家”。到了霞客父亲有勉在世的时候，家道已经没落下来。有勉虽过着剥削生活，倒也无意宦途，有人劝他买个官儿来做，他断然拒绝。据说有一次有两个做官的人去访问他，他却躲到竹林里，避而不见，随后竟自乘小船游太湖去了。

霞客在幼年有机会读书，从小就很聪明，最喜欢涉猎历史、地理和探险游记一类书籍。为了逃避塾师的干扰，他常常把这类书覆盖在令人厌烦的经书下偷偷阅读。读到入神之处，不免眉飞色舞。他年长之后回忆说自己很早就有遍游五岳的志愿，至于对科举应试的事，则很不感兴趣，这一点也许有他父亲的一些影响。19岁那年，父亲因病逝世。三年之后，服丧期满，他就想出外游历，以实现自己幼年以来的愿望。但是又惦念家有老母，心中很是踌躇不决。霞客的母亲了解到自己儿子的心意，就勉励他说："身为男子，应该志在四方，至于说'游必有方'的古训，也不过是说要计算好路途的远近、时间

徐霞客的母亲给他整理行装

的短长，能够如期往返，也就是了，怎么能够为了母亲的缘故羁留家园，好像是圈在篱笆里的小鸡，套在车辕上的小马一个样子呢？”于是她亲手为儿子整理行装，促儿子成行。霞客得到母亲这番鼓励，也就开始登上了一生的征途。

毕竟是因为有老母在堂，所以霞客早年的出游，都是比较短期的，每次出游的时间也都有些间隔。所到的地方，交通都比较方便，可以计程来往。他从家乡附近的太湖开始（万历三十五年），除去北游泰山和北京（万历三十七年）以及西登河南的嵩山和陕西的华山（天启三年）这两次路途遥远以外，其余的像浙江的天台、雁荡、洛迦山（万历四十一年）以及安徽的黄山和江西的庐山（万历四十六年）等处，都离开家乡不算很远。最远的也不过是福建的武夷山（万历四十四年）和九鲤湖（泰昌元年）。在这期间，霞客每次游罢归来，总要把异地风光和旅途见闻，一五一十地向母亲细说一番，母亲听了也引为极大乐趣。后来母亲年事渐高，霞客虽有继续远游的计划，但一时不打算外出。母亲晓得了，却很不以为然，并且对他说："我虽然年已老迈，但是饭量还很好，身体也很结实，用不着惦记我。不信，我还可以出外游历一番呢。"这时她已经80岁了，果真叫儿子陪她一同去游了附近的荆溪和勾曲，而且一路都是走在儿子的前面，全不示弱。为了儿子的志愿，年老的母亲表示了这样的决心，确实令人感动，而霞客自己所受的鼓舞更是可想而知。这是天启四年的事。就在下一年，母亲竟然与世长辞，霞客自然十分悲伤。及至服丧期满重上征途的时候，他不禁有所感慨地说："当初有老母在堂，我不能不有所分心，现在是我可以全心全意献身于祖国大好河山的时候了。"

霞客是很爱他的母亲的，但是他更爱祖国山河，而母亲对于成全他的志愿也做到了自己力所能及的一切。霞客的母亲是个最不迷信的人，极其厌恶讲鬼说神，这一点在霞客身上也有突出的表现，他一生旅途中的经历，充分说明了这一点。

霞客自从母亲去世之后，几乎年

年出游，向北到过北京附近的盘山（崇祯二年）、山西北部的五台和恒山（崇祯六年）。向南到过福建（共三次，崇祯元年、三年、六年）。更远至广东的罗浮山（崇祯元年）。在这期间，他还重游了天台和雁荡。值得注意的是霞客的旅程，忽南忽北，一来一去，何止万里，在那时的交通条件下，这是一般旅行的人所万不能及的。例如崇祯元年他刚刚经由福建游历了广东的罗浮山归来，转年又北入京师，上盘山，三年七月再游福建。这还不算，就在崇祯六年这一年内，夏秋之间他还徘徊于山西北部的五台和恒山，秋后回家，又南游至福建漳州。一年之间，真正是天南地北，仆仆风尘。可惜他游历罗浮山、盘山和第三次到福建，都没有游记留存下来，所以也就无法详细考察他这次旅行的来踪去迹了。以上还都是崇祯八年以前，也就是他50岁以前的事。从崇祯九年起，霞客按着预定的计划做万里远游，于九月离家入浙江，十月入江西，转年（崇祯十年）正月到湖南，三月过湖南入广西。第三年（崇祯十一年）三月，由广西入贵州，五月由贵州入云南，又往还于云贵边界间，最后于第四年（崇祯十二年）四月横贯云南直到腾越（即今腾冲），这是霞客西游最远的地点。他原意还要从这里继续前进，越国界入缅甸。只是由于当地人的再三劝阻，这才打消了原意，仅仅游历了腾越附近的地方。然后东归，于崇祯十三年六月回到家乡。他这次行程是生平最远的一次，也是最后的一次，时间继续几达4年。实际上他在归途中已经抱病，到家后半年，竟于崇祯十四年正月卒于家中，年仅54岁。葬于马湾，就是现在南旸岐东北的沈村。现在那里还有他的坟墓。

徐霞客一生，从22岁时起，直到去世为止，30多年之间，足迹遍于现在的华东、华北、东南沿海，西至云贵。特别是他晚年的西南之行，不但路途最长，观察记述也最详尽。除去个别的情况外，他在旅途中都坚持把每天的经历与观察所得，随手记载下来，虽是日记的体裁，实在等于他野外考察的记录。其中也有一些关于某一地区的综合论述，那是他对考察结果的初步整理，是更加值得重视的。没有做过野外考察工作的人，很难认识到这些逐日的记录得来之不易，然而即使是习惯于野外工作的人，也不能不承认在那样困难的条件下，做出这些记录是需要多么坚强的意志和多么巨大的毅力。霞客出游，主要是依靠自己徒步跋涉，而他所到的地方，又多是一般人的足迹所不至。登危崖、历绝壁、涉洪流、探洞穴，冒狂风暴雨、行丛林绝径，有时常常要忍饥耐寒，甚至出生入死。至于人事的挫折，如遇盗绝粮的事，那就更不必说了。但是无论在何种情况下，霞客在一日行程的终了，总要把当日经历与观察所得，记录下来。有时日行百余里，到晚上还

在露宿山野时，燃枯草当灯，
记下当天游历和观察的情况

要在危垣破壁之下，点起豆大的油灯，进行写作。甚至在露宿山野、寄身草莽的时候，他还是要燃枯草照明，坚持写游记。霞客在旅途中以日记体裁所写的这些记录，在他去世的时候，还只是一些初稿，没有编订成册。最不幸的是在霞客死后三年，清兵入关南下，遭到江阴人民的坚决抵抗，当地人民遭到了残酷的杀戮，霞客长子死难，记录原稿也都散佚。然而不幸中之大幸的是人世间尚有抄本数种流传，但也互有残缺。最后幸亏霞客幼子徐寄，苦心收集，才辗转求得已被妄加涂抹的缺本，借着日光的影子照出原文，大体上恢复了原来的面貌，然后刊刻成书，这就是现存的《徐霞客游记》。不过其中仍有残缺部分，这恐怕已经无法弥补了。霞客生前写成原稿，已是历尽千辛万苦；而身后原稿散佚无存，抄本的传刻又经过如此周折，可见在旧社会一部真正有价值的著作得以流传，实在是不容易的事。

三、作为一个旅行家的徐霞客

现在，摆在我们面前的这部《徐霞客游记》，尽管是残缺不全的，也已经充分反映了作者在300多年以前是以何等精神和力量来从事于他的工作的。在此以前，有关我国地理的书籍，多半讲的是疆域沿革、建置风俗，虽然也有山川一个名目，但是多半讲得很不具体，至于对各种自然地理现象，更是绝少涉及。而从事地理写作的人，又常常困守书斋，只是把现成的材料加以排比纂辑。就是这样的工作，真正做得好的也不多见，更谈不上实地考察和访问了。其实在长期的封建社会里，客观上的要求也不过就是这样。可是到了徐霞客，他却大胆地打翻了旧传统，断然跳出自己的小书房，走向了无比辽阔、无比富丽的原野，从而开辟了有系统地观察自然、探索自然的新方向。他热爱祖国的山河，到处描写，尽情歌颂。在这里，他不啻是一个画家、一个诗人、一个亲炙自然的巨匠、一个伟大的歌手。更其重要的是他在无比瑰丽的自然中，还逐渐觉察到对自然现象的观察和了解不能满足于停留在表面的现象上。他下决心要进一步去揭发它的奥秘，探讨它的规律，这也是他一生最后和最大的志愿。由于他具有远大的理想和坚强的意志，因此，任何艰难困苦都阻挡不住他前进的道路，挫折不了他前进的锐气。就是在他生命最后的一刻，他还把从野外携来的岩石标本摆在病床的旁边，进行细心的观察和研究（陈函辉《徐霞客墓志铭》：“既归，不能肃客，惟置怪石于榻前，摩挲相对。”所谓“怪石”，即是岩石标本），直到他生命的火焰最后的燃熄！

我国历史上一个伟大的地理学家，就是这样怀着他未竟之志，离开了人间。

现在，首先应该来认识的是作为一个旅行家的徐霞客。

作为一个旅行家，徐霞客最健

游、也最善游。为了便于进行实地观察，他从来都是徒步跋涉，间或乘船，绝不骑马。有时他还要亲自肩负着自己的行李前进。在较长的时期内随他同游的，是一个姓顾的仆人。但到真正攀缘登涉的时候，他却常常把顾仆留在后面等待，而率然只身前往。晚年远赴西南，有一个名叫静闻的和尚，有志朝香云南鸡足山，愿意和他结伴同行，这是他在长途旅行中唯一的游侣。不幸的是在广西途中，静闻因病逝世，霞客十分悲伤，决心按着静闻的嘱托，把他的遗骨一直背负到鸡足山埋葬，因此有“别君已许携君骨，夜夜空山泣杜鹃”的诗句。这句诗的意思，大致是这样的：在我们永别的时候，我已经答应把你的遗骨带到鸡足山，现在已经把你安葬在鸡足山上，在寂静的山谷，每夜都有杜鹃悲啼，好像在为你没有完成自己的志愿而哀伤。霞客在旅途中，因为足迹所到都是很偏僻的山野，除了向山上的和尚、道士问路借宿以外，他还时常要依靠老农、樵夫、牧童、渔民和猎户以及深入山野采药的人做向导。正是因为这样，他才能到达一些人迹罕至之处，了解到一些常人所不能了解到的情况。这些劳动人民有的给他留下了深刻的印象，使他终生怀念不忘。他还常投宿在劳动人民的家里，即便是很穷的人家，也往往给他以最诚挚、最亲切的照顾。有一次他在云南，途中遇雨，满身淋漓，投宿在一个姓陈的老人家里。老人很穷，却很热情地招待他，为他燃火燎衣，霞客也自己去动手洗涤。他在日记中写道："住在这里，虽然吃饭没有盐巴，睡觉也没有草铺垫，我心里却是非常快乐的。"（"虽食无盐，卧无草，甚乐也。"）总之，30年间辛勤劳苦的野外生活，特别是和劳动人民的经常接触，使他变得更朴素更坚定。霞客之不但可敬，而且可爱，正在于此。

霞客开始出游，只有22岁，那时他搜奇访胜的心情非常强烈。其实就是到了最后，他虽然已是五十开外的人了，仍然是豪情壮志，不减当年。在游途中他最喜欢人家告诉他哪条道路跋涉最艰苦，哪个地方攀登最困难。尤其是当他听到还有某某地方是一般人所不敢去的时候，更是十分高兴，一定要去看看。他和母亲一样，最不相信鬼神，有人以此来阻劝他的时候，他完全不加理睬。有时真正遇到令人惊骇的事，他也坦然置之，若无其事。比如在广西融县（即今融水苗族自治县）真仙岩（今名劳动洞）后的暗洞中，见有巨蛇当前横卧，不见首尾，他就索性从蛇身上跨过去，竟自进入洞中。

霞客的游法，也是人所难及的。无妨举几个例子来做说明。

万历四十一年（1613）四月，霞客初次游雁荡山的时候，很高兴地看到了大小龙湫（qiū秋）。他从志书上知道有“荡（湖）在山顶，龙湫之水，即自荡来。”于是他决心寻访，与仆从二人攀缘而上，直到山峰的绝顶。山脊锋凌，连落脚的地方都很难找到，当然更找不到湖的踪影。但是霞客不肯罢休，瞥见高峰尽处，一石如劈，俯瞰南面石壁下有一级，他就索性叫仆从二人把包脚布都解下来，结成一条带子，与其中一人先后抓住带子从悬岩垂空而下，希望能找到前进的道路。但是，下去之后，才发现仅有站脚的地方，而悬岩之下，斗深百丈。这时他只好再爬上来，然而这时离上面的悬岩还有三丈多高，于是他就拉着脚布结成的带子往上爬，但是带子又为突出的岩石磨断了。经过再一次系结之后，又用尽力气腾挽，这才攀登到悬岩上面，脱出了险境。但是比起

用脚布结成带子从悬岩垂空而下

这一次来，他在嵩山顶上“悬溜”而下的情况，还要更惊险一些。天启三年（1623）二月，他游罢嵩山太室绝顶之后，问樵夫下山的道路。樵夫告诉他，正道从万岩峰到山麓，共20里。如果从西沟悬溜而下，可省一半，但是这条道路极为险峻。霞客听了，十分高兴，他心里想：“都说嵩山无奇，那只是因为没有看到险处。”因此他坚决冒险从西沟下去。最初还只是沿着斜陂，用手拉着丛条往下走，但是很快就进入了石峡之中，顺溜直下。这时仰望夹崖逼天，原来峰顶雾滴如雨，现在云雾渐开，果然现出了奇景。但是由于沟壁陡直，又无磴道，不但不能一步步迈，就是连停也停不下来。这样一直溜了10里，才算出峡，到达平地。

徐霞客这等出人意外的游法，在游记里看到的还很多，然而这还是他青壮年时代的事。后来他长途跋涉，远走西南，虽然已是五十开外的人，但他那种步履矫健、历程艰险的情况，仍非常人所能设想。例如崇祯十年（1637）七月他在融县访龙岩，因寺里的和尚指点错误，走了差路。结果不得不绕道雨后暴涨的洪流，沿着一条小河，拨着蔓延的藤刺前进，一失足竟落入水中。水流湍急，很快地把他直冲下去。这时，他暗想这回恐怕一定要被大水冲走，没有活命的希望了。最后被冲到岸边，他用力捉住一把乱草，这才脱险，结果仍然坚持到达了目的地。但他认为这还不是生平经历最险的一次。崇祯十二年（1639）四月，他到了云南腾越，并北游打鹰山与南香甸。途经巀嵲（jié niè）峰，见层岩之上，有洞东向。这时他已经勘察过很多山洞，这次也亟想爬上去看看，但又无路可通，放它过去又不甘心。于是他叫从行的顾仆停下来看守行李，自己竟自攀登而上。山坡很陡，半里之后，表土风化得很厉害，他只能用手抓着草根向前移动。又过了不大工夫，连草根也经不起抓了，幸而又遇到了露岩。不过这里的岩石，也因风化的关系，变得很松散，脚一蹬、手一攀，都很容易脱落。偶而虽然抓到了一块比较结实的地方，但是他也只能紧紧绷着脚跟，贴着双手，像挂在墙壁上的一样，很难向前移动。往上去既没有可以着手的地方，往下来也不能落脚。过了很久，他才慢慢试探着，摸到了一处可以手攀脚蹬的石块。然后悬空向前移动一手，随后又移动一脚。一手一脚贴牢了，这才又向前移动另一手和另一脚。幸而岩块没有脱落，可是他自己的手脚却已经无力，几乎跌下来。最后终于向上移动了一段，又横贴着身子往旁边走。过了约莫半里路，又下退了一个距离，这才到达洞口。他入洞以后的情况，这里姑且不讲。单说他出洞之后，又换了一个方向下山。然而这里也尽是一片悬岩，无路可走。幸而野草比较茂盛，他就干脆坐倒在山坡上，以双脚向前，双手在后，紧紧拉着草根，凭空直

在没有路的陡坡上直溜而下

溜而下。大约过了一里路，这才到了山脚。他自己说生平所历险境，无过于此。及和顾仆相见，好像是死而再生。下山之后，已近正午，吃了所带干粮，就一路风光，继续前进。下午很早到了南香甸，这才发现随身携带的零用钱，竟在爬山的时候丢掉了。于是他只好拿起三件衣服挂在街头卖掉，换了一顿饱饭。当晚也未停留，就乘夜色径奔尖峰山洞去了。

徐霞客就是这样不问道里、不怕艰险、不计行期地跋涉着。大自然在他面前呈现着无比瑰丽的景色，发出了强烈的吸引力量，使他不知停息地前进、再前进。旅途中的困苦艰难，就好像踩在他脚下的石头一样，一踏上去也就算不得什么了。他曾经几次遇到强盗，后来甚至连随他远游的顾仆，也连同他的行李席卷而逃。对于这些，他却不以为意。这一切在他游记中都有记述。但是游记的绝大部分，还是用来描写山河的壮丽，自然的丰美。他以无比的热情，锐敏的观察，清新简练、生动活泼的文字，为林林总总的自然景物，做了最真实、最美好的写照。凡是读懂《徐霞客游记》的，没有不受他感染的。

四、作为一个地理学家的徐霞客

在今天最值得我们怀念的，还是作为一个地理学家的徐霞客。

称他是一个地理学家，因为他的出游不单纯是游览山水，更重要的是他从最初起就怀抱着研究祖国地理的宏愿。他自己曾经明白说过：“从前的人研究地理，多半是因袭附会，很不可靠。就是专门探讨河流山脉的，从有记载以来，也都是限在中国一方，不知道天地的广大。”因此，他一开始不但计划在国内游历，还想出国到中亚，可惜未能如愿。

在旅行中，他很注意考察山川形势，对于水道源流，尤其注意。在游记之外，他还曾写过专题论文，流传至今的有《江源考》《盘江考》，都是根据考察和访问所得的材料写出来的。这两篇论文里面虽然也有一些错误的地方，但是其中也有不少重要论证，是值得重视的。可惜《江源考》已经不是全文了。

他在考察过程中，认真探索、勇于打破成说的精神，是十分可贵的。例如他在湖南，溯潇江而上，访三分石，目的在于弄清楚潇江的发源。在历经周折之后，他终于找到了三分石，于是他写道：“人都说三分石下的水，一支流往广东，一支流往广西，一支出九疑山下就是潇江，流往湖广（即今湖南）。但是我到了这里，才知道是石分三歧，东北合北面与西面的水，交汇于五涧，这是潇江的上源。一直向东经高梁原的叫白田江，是岿水的上源。东南流下锦田、西至江华的，是沲水的上源。三分石下的水，从来就不流往两粤（今广东与广西），况且它的南面还有锦田水，东西横流，是楚粤的分界。听说锦田东有石色岭，属广东连州，水到这里，才开始自东南流入东粤（广东）。”像这样亲证目验的事，见于游记的还很多，有时竟是往返三次才把一些地理情况弄清楚。霞客求真的精神，就是这样。

霞客不但注意水道，也很注意地形，并且还能够考察到岩石性质。这在下文还要详细讲到，这里只举出一个很小的例子。霞客从江西到湖南的路上，注意到地貌已经有了显著的变化。在茶陵的灵岩时，他总结说：“从会仙岩到这里，山都不很高，尽是石崖盘亘，有些地方形成圆环、门道或洞岩等等形状，为数很多。但是石头的质地很粗，颜色发红，看起来毫无润泽的感觉。还有的则形成石梁，横跨山崖间，其下穹（qióng穷）然掏空。”现在我们知道第三纪红色岩系在江西、湖南一带，分布很广，其中有砾岩、砂岩和页岩，往往交互成层。页岩容易遭受侵蚀，剥落掏空，因而形成许多岩洞和石梁（即天然桥）。霞客在这里所描写的，正是这一情况。同时他还指出了岩石的一般性质，所记都很确切。

在山水的考察之外，由于霞客观察锐敏，还注意到常见的一些自然地理现象，揭示了一定的自然规律，这是尤其可贵的。例如他对流水侵蚀的道理，就有很精辟的论断。他以福建宁洋之溪（即九龙江）与建溪为例，说明二者发源地的高度大约相等，但去海的距离相差很大，因此河床坡度也有显著的差异，这就是他所说的“程愈迫则流愈急”，其影响于侵蚀力量之大小强弱，是很显然的。又河流两岸弯曲之处或岩岸近逼水流的地方，也常显示出急流冲刷的巨大力量。因此，他有“江流击山，山削成壁”“两旁石崖，水啮成矶”“山受啮，半剖为削崖”等等解释，都是非常正确的。此外他对于喷泉的发生，潜流的作用，也都有正确的理解和说明。

徐霞客在旅途中，对于任何少见的自然地理或地质现象，绝不轻易放过。他在腾越打鹰山的时候，听说“三十年前山上都是巨大的树木和竹林，十分茂密，其中有龙潭四处，其深莫测，一旦发响，就常常有气体喷出，人都不敢走近。一次忽然一声雷震，好几个放羊的人和五六百只羊群，都被轰毙，山上一连几天大火，茂密的大树竹林，都被烧尽，龙潭也变成了陆地。”实际上这就是一次火山的爆发，当时的人还不知道，霞客也没有遇到过这种情况。现在我们晓得腾越地区是近代火山活动的地带，霞客这里所记录的17世纪初年的一次火山爆发，是我国境内少见的近期大火山活动之一。当时霞客曾做了实地考察，提供了一段非常有意思的描写：“山顶的石头都是赭红色，质地轻浮，形状犹如蜂房，是浮沫所凝结而成的，虽然大至合抱，但是重量很小，用两个手指就可以拿起来，不过它的质地仍然是很坚硬的，真正是劫灰之余啊。”霞客所描写的，正是火山爆发的最好证据。火山喷出的灰烬，凝结成赭红色的浮石，状如蜂房，看起来很大，拿起来很轻，这是很好的描写，而且做了正确的解释。伴随着近代火山的活动，附近还有硫黄矿，霞客也进行了详细的记述和说明。此外，他还记录沿途稀见的动植物，特别是对植物及其生活环境，时常有精辟的阐发，甚至还亲自动手，采集标本，描绘图样。这种科学精神，从他所处的时代来说，是极为难能可贵的。

但是，最引起近代地理学家注意的是远在330多年以前，霞客对于西南广大地区石灰岩溶蚀地貌的观察和记述。这一带的溶蚀地貌，不但分布范围很广，发育规模也很可观。这不但在我国是有名的，就是在全世界来说也是很少有的。现在所保存的《徐霞客游记》，恰恰是记述这一地区的分量最大，也最详尽的著作。当他由衡阳沿湘江过祁阳而开始进入这一风景奇丽的区域时，他很快地觉察到了这一点。在崇祯十年闰四月初二日的游记里他写道："从冷水湾以来，山开天旷，大大放开了眼界。江水两岸的岩石，经常在江面上出没，变幻很大，但是凡所遇到的，无不动人心目。因为自入祁阳境，石质不同寻常，颜色也很润泽。过祁阳后，突兀的山势，渐渐呈露出来，其后竟是随地涌立。及至进入湘口，耸突盘亘的形势，又变作峭竖回翔的山峰了。"从此再向前进，霞客就接近了以风景佳丽著称的桂林。二十八日到达桂林的那一天，游记是这样写的："……西穿石山峡，这时诸峰分峙叠出，各自呈现了奇异的景色。石峰之下，尽是静静的水面，深的不过一尺多，浅处只有一半。山峰倒插其中，真像是青莲出水，各自挺拔，独立向上。起初有两大山峰夹道，随后又是两个尖峰。行人道都是在水里用石块铺叠出来，从山峰间穿过。但是石头都很锋利，就像是刀戟一样坚硬。”我们知道坚硬的石灰岩对机械侵蚀和物理风化作用，抵抗力很强，但是它却容易为水所溶解。溶解作用沿着岩石节理进行，就使山岩分裂为无数峻峭的山峰，也叫“峰林”。由于风化物质缺乏，因此无论山坡山麓，都缺少土壤覆盖，霞客这里所描写的正是这一情况。

桂林附近的峰林区，因为正当桂江槽谷，地貌发育的历史十分复杂，风景也特别清秀宜人。阳朔与桂林同属一区，风景比桂林更加奇丽，所以俗语说：“桂林山水甲天下，阳朔山水甲桂林。”霞客到了桂林之后，又乘船赴阳朔。五月二十二日的游记写道：“早起，晓月的光辉落在江面上流动着，停泊在奇峰下的船摇橹启行。南三里是螺蛳岩，有一山峰，盘旋直上，转而从江的右岸耸立起来，这就是兴平的水口山。又七里，东南出水绿村，山势逐渐收敛，再向南三十里为龙头山，又是铮铮骨立的形象，而阳朔周围竟然呈现出碧莲玉笋一样的世界。”霞客把桂林的江上奇峰比作“青莲出水”，称阳朔周围是“碧莲玉笋世界”，简洁几个字，真是写尽了桂林、阳朔附近明媚秀丽的自然风光，令人有无限清新澄澈的感觉。

从湘桂交界的这一带起，一直到云南的东部，大都有厚层石灰岩的分布，峰林地貌，到处都有很好的发育。当霞客穿过这一带而来到云南边境上的罗平附近时，他做了一个概括的小结说："路沿着西界往北走，远远望见东界遥峰下，峭峰分离，各自竞向高处挺立（原文：'峭峰离立，分行竞颖'），又是粤西（广西）所见一个样子。这等丛立的峭峰，西南从此开始，东北直到道州，磅礴数千里，真是西南一带的奇胜。"又说："罗庄山在（罗平）城东南六十里，这里山势参差森列，其下多是卓锥拔笋一样的山峦，这是从粤西石山才开始出现的。”这里所谓“峭峰离立，分行竞颖”“参差森列”“卓锥拔笋之岫”等等，实在就是“峰林”地貌的最好写照。

不过从道州到罗平，也并非是完全一样的地貌特征，这其间也有不同的类型。例如从桂林到柳州，情况就不相同。后者是柳州台地的孤峰区，往往出现圆锥状的孤峰，疏疏落落地点缀在柳江盆地上，山麓堆积很多，与桂林附近所谓“廉利侔刀戟”的纯粹石灰岩地区，有所不同。对这种地区间地貌类型变化的特点，霞客观察得十分清楚，描写得十分逼真。他在崇祯十年六月二十二日的游记里明白指出：“自柳州西北，路旁土山和石山相间连，土山迤逦间，忽然有石峰数十，挺立成队。和阳朔、桂林不同的是那里四顾都是石峰，不受寸土；这里则好像是锥在囊中，尤其有脱颖而出的奇异感觉。”此外他还做了一些地区间比较地貌的说明，这里就不一一叙述了。

在石灰岩地区内，由于溶蚀作用的结果，除去突起离立的孤峰之外，还常常分布有下陷的圆洼地（又名斗淋）和落水洞。霞客也十分注意这一现象，于沿途所见圆洼地，都做了详细的观察和描述。霞客按圆洼地之大小来加以区别，“小者为眢（yuān渊）井，大者为盘洼”。又把眢井有积水的，别称“天池”。这都是他根据大量事实，进行厘定名称的尝试。伴随对圆洼地和落水洞的观察，他也逐渐认识到所谓“地穴潜通”的伏流，并且正确地指出，地下伏流的顶棚陷落之后，在地面上就形成了圆洼地或峡谷。

最后，不能不特别提出他对石灰岩溶洞的调查研究。

如上所述，岩洞的发育，是石灰岩地貌的主要特征之一，这都是在高温多雨的地带因地下水的溶蚀所形成。溶解的石灰华从洞顶倒悬的叫作石钟乳，在洞底耸列的叫作石笋。霞客在旅途中对所遇到的岩洞，十分注意，并且想尽办法，冒着各种艰险，深入洞穴内部，进行详细的调查研究。崇祯十年正月，他在湖南茶陵探索麻叶洞，是他不畏艰险、不怕鬼神的好例。麻叶洞是个很深很大的洞，最初有人告诉他洞内是神龙蛰居的地方，不但很难进入，也没有人敢进入。他听了非但不怕，反而十分高兴。及至到了麻叶洞，当地的人只肯供给火炬，却无人敢做向导。他们也说其中有“神龙奇鬼”，非有降鬼伏神的法术的人不敢进入。最后高价雇到一个人，正当脱衣服的时候，他问霞客是否会使法术，霞客说不会。他很惊慌地说：“我以为你是一个大师，所以才壮着胆子想来做向导。你既不是，我怎么能把命赔给你呢？”霞客别无办法，就把行李寄放在前村，让顾仆和他一道去，于是，两人各带了几个火炬，下洞去了。这时村里跑到洞口来观望的已有好几十人，都不敢跟着进去。过了很长

考察了没有人敢进去的深邃不测的岩洞

的时间，当他详细观察了洞内的情况之后再爬出来的时候，守候在洞外的又增加了好几十人。这些人看见霞客安然而返，都向他行礼，惊奇地说："我们以为你一去不返，一定是遇害了。"霞客答谢了众人，自己心里却想道："这么好的一个洞，为什么地方上的人这样害怕而不敢进去呢？"霞客就是这样坚定而勇敢地对自然现象进行着科学的观察和探索。

根据游记所载，霞客曾经深入考察过的洞穴，就有100多个。在考察中，他不仅对洞的形状，而且对洞的大小深浅以及每一部分的高低宽狭，都很注意。有些大规模的岩洞，只要可能，他还不止一次地深入其中，反复进行观测，直到彻底了解到岩洞内部的复杂结构为止。有时他甚至还对洞穴的外部情况，进行观测和描述。例如桂林的七星岩，就是他仔细观察过的一个。现在经过科学的实地勘测，证明远在330多年以前，霞客在这里所做的有关洞穴结构和形态特征的记述，除去他未及发现的个别分支之外，都是正确的、真实的。单就这一点来说，把《徐霞客游记》推为世界最早的有关石灰岩地貌的宝贵文献，也不是过分的。

霞客终生弃绝宦途，专心致志于大自然的探索。他所遗留给我们的这部游记，洋溢着对自然的热爱。他早年的出游，也许偏重于搜奇访胜。但是到了后来，特别是在西南地区，很明显的他已经进入了观察自然、研究自然的新阶段。反复细读他所记述和描绘的，深深使人感觉到他已不满足于表面现象的观察，在搜集大量资料的过程中，好像他已经开始做更加深入的探讨。用今天的话来说，那就是他很可能已经在追寻着西南一带奇异地貌的发展规律。只是由于他所处的时代以及相关科学的发展水平的限制，还不能使他做出更系统、更科学的理论总结，但是他已经在沿着这个方向前进了。他临终之前，摆在病榻之旁而被人看作是“怪石”的东西，正是他未竟之志的一个标志。

这不是“怪石”，这是岩石标本，是当时人所不能理解而下一代人又未能继续发展的一门新学科的幼苗。徐霞客是我国历史上——也是世界历史上这株幼苗的最初培育者，这就是他一生最大的贡献。

五、结束语

徐霞客逝世以后的300年间，由于我国封建制度的日趋腐朽和没落，以及相继而来的殖民主义、帝国主义的侵略和压迫，我国的自然科学在这段时期没有得到相应的发展。徐霞客在地理学的考察研究上所开辟的新方向，一时也就后继无人。

但是，中华人民共和国成立以来，在伟大的中国共产党的领导下，我们开始了建设社会主义的新时代，并坚持不懈地向着共产主义的崇高目标奋勇迈进。中国人民不但已经做了自己命运的主人，而且还要做自然的主人。在全面地有计划地利用自然、改造自然的过程中，我们的科学技术又面临着飞跃发展的新时代。地理科学也不例外。在这伟大的新时代里，我国地学工作者一定能够继承历史上先驱者的光辉成就，在自己的学科领域内，攀登世界的高峰。

出版说明

“新编历史小丛书”承自20世纪60年代吴晗策划的“中国历史小丛书”，其中不少名家名作已经是垂之经典的作品，一些措辞亦有写作伊初的时代特征。为了保持其原有版本风貌，再版过程中不做现代汉语的规范化统一，读者阅读时亦可从中体会到语言变化的规律。

“新编历史小丛书”编委会

图书在版编目（CIP）数据

徐霞客 / 侯仁之著. -- 贵阳：贵州人民出版社，2023.12
（新编历史小丛书. 人物）
ISBN 978-7-221-18091-9

Ⅰ. ①徐… Ⅱ. ①侯… Ⅲ. ①徐霞客（1586–1641）– 传记 Ⅳ. ①K825.89

中国国家版本馆CIP数据核字(2023)第211086号

新编历史小丛书 · 人物
徐霞客
XU XIAKE
侯仁之 ◎著

出 版 人　朱文迅
责任编辑　唐　博
装帧设计　陈　电
责任印制　蔡继磊

出版发行　北京出版集团　文津出版社
　　　　　贵州出版集团　贵州人民出版社
地　　址　贵阳市观山湖区中天会展城会展东路SOHO公寓A座
印　　刷　贵州新华印务有限责任公司
版　　次　2024年2月第1版
印　　次　2024年2月第1次印刷
开　　本　880 mm × 1230 mm　1/32
印　　张　3.25
字　　数　27千字
书　　号　ISBN 978-7-221-18091-9
定　　价　18.00元